MIS PRIMERAS PÁGINAS

Título original: *Coniglietto va dal nonno*

© Francesco Altan
© Edizioni EL, 1995 (obra original)
© Hermes Editora General S. A. - Almadraba Editorial, 2009
www.almadrabaeditorial.com
© Clara Vallès, por la traducción del italiano

Impreso el mes de febrero de 2009

ISBN: 978-84-9270-235-0
Depósito legal: B-10.612-2009
Printed in Spain

TINO VISITA AL ABUELO

Francesco Altan

Almadraba
INFANTIL | JUVENIL

TINO SE DESPIERTA.

MAMÁ LE DICE:
«HOY ES EL CUMPLEAÑOS
DEL ABUELO».

TINO VA AL CUARTO DE BAÑO
Y SE LAVA LOS DIENTES
CON SU CEPILLO.

MAMÁ LE DICE:
«HARÉ UN PASTEL
DE ZANAHORIA
Y SE LO LLEVARÁS
AL ABUELO».

EL CONEJITO VA
AL HUERTO Y COGE
TRES ZANAHORIAS
HERMOSAS Y TIERNAS.

LAS ZANAHORIAS SON
DE COLOR NARANJA.

MAMÁ VA A LA COCINA
Y PREPARA EL PASTEL.

«¡QUÉ BIEN HUELE!»,
DICE TINO.

MAMÁ PONE EL PASTEL
EN UNA CESTITA
Y SE LA DA A TINO.

LUEGO LE DICE:
«¡AHORA VE CORRIENDO
A CASA DEL ABUELO!».

EL ABUELO VIVE
EN LA COLINA.

EL CAMINO ES LARGO.

«¡VAYA SUBIDA!»,
DICE TINO.

EL CONEJITO
LLEGA AL BOSQUE.

LA CASA DEL ABUELO
ES AMARILLA Y TIENE
EL TEJADO ROJO.

«¡MUCHAS FELICIDADES,
ABUELO!»,
DICE EL CONEJITO.

EL ABUELO ESTÁ MUY
CONTENTO Y RESPONDE:
«¡GRACIAS, TINO!».

«¿ME LEES UN CUENTO?»,
LE PIDE TINO.

EL ABUELO COGE UN LIBRO
Y EMPIEZA A LEER.

UN RATITO DESPUÉS,
LOS DOS SE QUEDAN
DORMIDOS.

TINO SE DESPIERTA.

CON LA PUESTA DE SOL,
EL CIELO TIENE UN TONO
ROJIZO.

DICE: «¡QUÉ TARDE!,
TENGO QUE VOLVER
A CASA».

EL ABUELO VA AL TRASTERO
Y SALE CON UNA BICICLETA.

«CON ESTO LLEGARÁS
ANTES», LE DICE.

«¿ES TUYA?», LE PREGUNTA
TINO.

«SÍ, DE CUANDO YO ERA
PEQUEÑO.»

TINO VUELVE A SU CASA
EN BICICLETA.

EL CAMINO ES
CUESTA ABAJO.

EN EL CIELO BRILLA
LA LUNA LLENA.

...¡Y AHORA, A JUGAR!

TINO QUIERE IR
A CASA DE SU ABUELO.

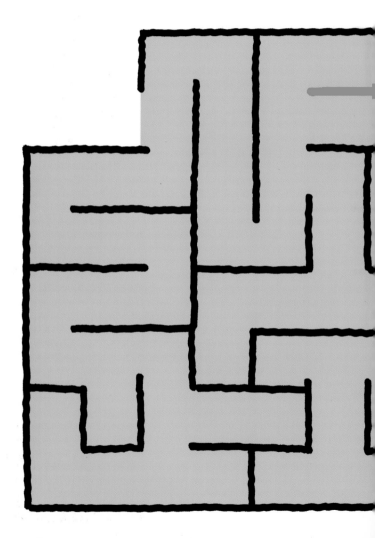

AYÚDALE A ENCONTRAR EL CAMINO.

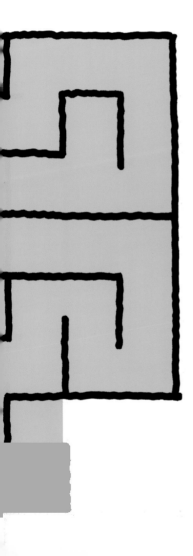

TINO Y EL ABUELO
RECOGEN ZANAHORIAS.
TINO LAS ROJAS,
Y EL ABUELO LAS AMARILLAS.
¿QUIÉN COGE MÁS?

COLOREA LA MANTA
DEL ABUELO
SIGUIENDO LOS NÚMEROS.

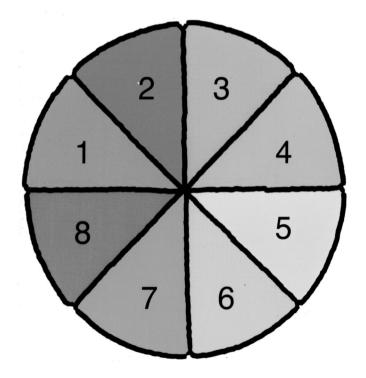

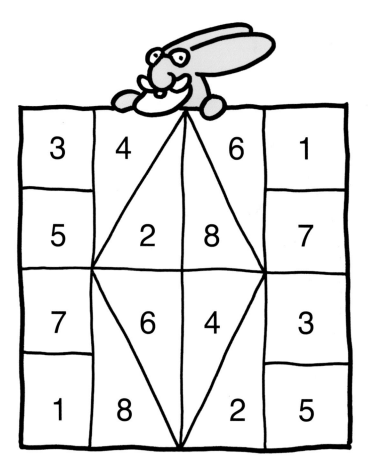

COMPLETA LOS NOMBRES.

A _ UE _ O

E _ T _ E _ _ A

Z _ N _ H _ RI _

C _ S _ A

L _ B _ O

P _ J _ R _

P _ S _ E _

M _ M _

MIS PRIMERAS PÁGINAS

PUEDES SEGUIR
JUGANDO EN LA WEB
www.misprimeraspaginas.com

ENTRA Y DESCARGA
LA **FICHA DE LECTURA** Y MÁS
PROPUESTAS DE ACTIVIDADES.